Alain Martinez Mira del Pino

Rêveries

Poèmes

Ode lunaire

La lune, émergeant de son sommeil diurne,
S'étant mirée au reflet des lacs et des étangs,
S'est maquillée de soupçons de khôl, d'argent,
Illumine de platine, le ciel calme, nocturne.

La pleine lune nous offre sa quiétude
Et, sa lumière argentée inonde les prairies,
Que parcourt d'un vol feutré ,la confrérie
Des oiseaux nocturnes ,zélateurs de solitude.

C'est l'heure lunaire tissée d'étrange lumière
Qui saupoudre le paysage de reflets d'albâtre
Dispersés ,au hasard ,des villes et des chaumières
Et s'unit à la brume d'étangs verdâtres..

Dans le théâtre des marées océaniques
Elle éclaire le fracas des vagues, phosphorescence
Qui scénarise l'aria du ressac rythmique
Ondulante mélodie et somptueuse magnificence

Magnificence du scintillement de la lune
Qui nimbe l'entrelacs argenté des dunes
Sphinges hiératiques ,attentives statues
De la symphonie concertante du flux ,du reflux..

Suite de tableaux

Qui dira la magie incantatoire du violon,
De la harpe , et de la flûte traversière
Dont les clapotis miment de cristallines rivières ,
Qui se travestissent de volutes en ascension?

Au loin ,franchissant l'horizon maritime
Le fracas irisé de la houle en dentelles
Cymbales claquant ,aux vibrations de crécelles
Que le trimaran découpe en sillon sublimes.

Le claquement assourdissant du tonnerre
A fait taire les oiseaux qui se terrent,
Un tambour éclatant a narré la geste
De Jupiter muni de ses attributs célestes .

Le flutiau d'un pâtre nous mène en Arcadie
Ce pays mythique ou la paix et le bonheur
Annihile de sa douceur ,haine et rancœur ,
Où l'amour transcende les hommes épanouis,

Irradiant ,dans la mélodie d'un allégro sostenuto ,
Les bois, les fleuves ,les montagnes fleuries
Parcourus d'un vent aux arabesques Indigo
Psalmodient leur prières aux espaces infinis.

Passé, présent, futur

Passé, présent ,futur quand saurais-je un jour
Ce qui vous lie ,vous dissocie dans la vie
L'écheveau est complexe: parfois ,á contrejour ,
J'entends le présent quand ,au passé ,je l'unis..

Ailleurs le passé s'éclaire à l'aune du présent
Mais le futur est -il fils des deux ,pêle-mêle ,
Sans doute l'est -il ,mais ,parfois le fatum s'en mêle,
Il entremêle les maillons de l'entendement..

Il suffit que l'amour-passion survienne
Pour que le passé ,le présent s'effacent
Au profit d'un futur rêvé qui charme, de son antienne
Les amoureux bénis pour qui tout s'efface

S'efface devant la fusion qui occire l'altérité ,
Choc et symbiose de deux existences appairées
Par l'alchimie de ces deux âmes enchâssées ,
Qui inventent un monde dont ils avaient rêvé ..

Passé, présent ,futur où êtes-vous passés?
Dans le cœur d'icelui ou d'icelle?
Violoncelle,
Violoncelle qui ,un jour, joue du Purcell
Et ,ailleurs c'est Vivaldi qui les aura enchantés.

Et le poème survient ..qui les enchaîne
A la musique des mots ,la rythmique des rimes
Les font respirer ,ensemble ,d'une même haleine
L'air ineffable où leur amour les arrime....

Quatre saisons

L'automne ,repos des floraisons et des moissons
Saisit sa palette d'ocre, de pourpre ,de safran
Et de son pinceau incendie les frondaisons
Et le vent entonne l'adagio des engoulevents..

Féérie du camaïeu des verts à l'or jaune
L'automne mêle la pluie au soleil capricieux
Cette douceur onirique qui nous vient des cieux
Plonge mon âme dans les délices de l'automne..

A l'automne mélancolique ,poétique
Succède l'hiver et ses nuages sombres
La lumière douce happée par les ombres
Houppelande posée sur la terre asthénique.

Mais ,la neige éclairée d'albâtre et de nacre,
Poudre ses rehauts de couleurs immaculées
Sur les toits, sur les chemins et sur les prés
Et célèbre ,de la blancheur éclatante ,le sacre.

L'hiver nous charme de narcolepsie éveillée
Quand ,près de l'âtre ,aux flammes hypnotiques
Nous nous nous laissons gentiment sommeiller
Dans la chaleur ouatée du brasier domestique.

Puis ,dans l'éclat vermeil d'un ciel printanier
Les fleurs euphoriques nous donnent un récital
Ré
cital de couleurs se mêlant aux trilles de cristal
Des sopranos ailés des jardins et des halliers.

Une pavane scande alors leur suave langueur ,
Nuages quiescents dans le bleu pastel ,
L'âme primesautière songe aux délices charnels
Et les couples amoureux savourent leur bonheur.

L'été et ses brillances ont dépouillé le ciel
Des nuages géniteurs de frimas et de spleen
La chaleur lumineuse ,fille d'un éclatant soleil
Illumine blés ,tournesols, herbes fines.

C'est le temps des vacances et les enfants oublient
Les mathématiques et la grammaire sourcilleuse
Souvenirs pérennes des enfances heureuses
Refuge que notre souvenance embellit !

Rêve au siècle des lumières,

C'était un rêve de jadis et d'autrefois,
Des rayons lumineux dansaient dans les sous-bois
Pareils à des lianes d'or en farandoles
Des loups vénitiens masquaient les joueurs de viole,

Les danseurs ,aux gestes élégants se saluaient
Leurs pas souples suivaient le tempo du menuet
Les cavalières déployaient des pans de robes brochées
Que des paniers soulevaient en majesté..

Les cavaliers aux chapeaux crénelés de dentelles
Les soulevaient et des perruques somptueuses
Ornaient leurs sourires ,promesses de bagatelles
Qui décoifferait les cheveux des Venus irréelles..

Le rythme de la danse allait ,venait ,tournoyait
Eclats de jabots de soie blanche, justaucorps
D'argent brodés ,des corsages enveloppant les corps
Sveltes ,de brillances apprêtées, scintillaient..

En ôtant leur coiffe et ployant leur genoux,
De leurs mains gantées saluaient leur cavalières
Qui ,par une révérence offraient leurs yeux doux
Et glissaient sur le parquet reflétant la lumière.

Musique ,aux langueurs ,prometteuses de séduction
Musiques d'éloignement et de rapprochement furtifs
Peu à peu ,cavaliers et cavalières ne furent plus captifs
De mon rêve et se dissolvaient à l'horizon..

Aurore

L'aurore, aux vibrations d'un violon ressemble
Et sa musique s'apparente à une symphonie,
Un vibrato de lumière qui s'élève et tremble
Dans un halo d'or où ses rayons scintillent.

Le soleil de l'aube ouvre lentement ses bras
En s'élève dans un embrasement vibratoire
Comme une nacelle ,il s'envole et s'ébat
Dans un ruissellement d'or dont il est le ciboire

Et la terre fait silence, communiant à la naissance
Du jour nouveau qui chasse l'obsolescence
De l'obscur qui succombe au feu de l'incandescence
Dans un ciel qui se vêt de claires phosphorescences.

De ses pulsations naissent les ombres portées,
Et ,dans les brassées d'herbes ,scintille la rosée,
Miroir réfléchissant, jeux de lumière du matin
La nature ,sous la baguette d'un soleil câlin,

S'éveille et bientôt l'orchestre de l'aurore
Fait donner la musique verdie des prairies
La rivière laisse couler ses clapotis sonores
Et, dans le ciel illuminé, Phébus irradie.

Chant de brumes, au Carla-Bayle

Une brume laiteuse avait envahi la campagne,
Ses blancs lambeaux égaraient les points cardinaux,
Le temps suspendu avait effacé les montagnes.
La terre froide s'étaient vêtue d'oripeaux.

Comme une âme empêtrée dans la mélancolie
Un paysage lunaire avait perdu sa lune d'argent
Et l'horizon empourpré du soleil couchant
Avait dû annuler le spectacle doré de sa féérie .

Pourtant la brume qui brisait la course du temps
S'entourait du mystère des ombres mouvantes
Un chant tellurique dont je percevais l'andante
Semblait endormir les prés et les champs.

Le rythme lent d'une pavane séculaire
Faisaient frissonner les feuilles sous le vent
Mais, l'autan de son souffle autoritaire
Rendrait à la terre astrolabes et sextants...

Épousailles nocturnes et crépusculaires,

Le soleil mourant vêt l'horizon de lueurs
D'un camaïeu d'ocre, d'orange et de bleu
C'est l'heure où les couleurs sont des notes en feu,
L'orange en mode majeur, le bleu en mode mineur.

Elles composent dans l'azur crépusculaire
La symphonie émouvantes des adieux
De la lumière diurne, au tempo éphémère,
A l'adagio de l'obscur venu noyer les cieux.

Mais la lune, souffle sa flûte traversière
Mêle son prélude à sa traîne argentée.
La fusion de lumière et de cantiques enchantées
Entraîne poètes, musiciens au gré d'une rivière

Rivière immatérielle unissant son et lumière
Que les muses offrent aux zélateurs thuriféraires
Qui entremêlent la musique et les vers
Une transcendance sublime s'envole dans les airs …

Scintillement,

C'était un automne lumineux, un spot céleste
Qui illuminait les frondaisons irisées d'émeraude
Et les branches, dessinaient cette géométrie agreste
Des arbres sous le clair soleil en maraude.

La symphonie de chrysoprase, de grenat vert
Se mêle aux lointains des reliefs montagneux
Qui déroulent une toile de fond ornée de bleu
Que le soleil couchant sait prendre à revers

Lors de son cheminement qui double l'horizon
Phébus noie de pourpre les prés et les buissons
La nature soudain rejoint le sommeil millénaire
Les oiseaux se taisent, l'ombre envahit la terre.

Survient le cycle du partage de lumière
Délaissant l'argent du clair-obscur lunaire
L'aurore maquillée de vermeil dépose ses voiles
De cristal sur la rosée qui déroule sa toile.

Poème clapotis du Vallespir,

L'eau claire ruisselait sur des roches grises,
Et, son clapotis descendait avec la rivière
Notes argentées agitant ses gemmes sur les pierres
Du lit de l'onde en petites cascades altières

Qui descendaient vers l'aval et sa chevelure
De cristal, flottait, vibration diaphane,
Au soleil rasant ,irisant le clapotant murmure
Qui dansait une aquatique sardane

Sardane unissant les ondes en ronds dans l'eau,
Vaguelettes translucides agitées de soupirs
Repris en chœur par le frémissement des grelots
D'une brise parfumée venue du Vallespir.

La petite rivière clapotait sur le chemin de la Mare Nostrum
Vers ses noces fluviales avec le romantique Têt
Géniteur des vallées où les lavandes s'entêtent
A parfumer les rocailles où nait l'ardeur des hommes.

Lune d'or, lune d'argent,

La lune, au soleil couchant, s'était poudrée d'or,
Et ses yeux mystérieux maquillés de khôl
Nous guettait dans le vallon des hellébores
Une lumière douce voguait en farandole.

Le soleil caressait encore l'astre lunaire
Ses rayons vermeils crépusculaires chatoyaient.
Les effluves du soir montaient de la terre,
Ton parfum se mêlait à l'ombre qui brillait.

La lune vit alors le soleil disparaître
Il traînait derrière lui ses voiles aurifères
Et le cristal céleste drapait tous les êtres,
Nos âmes en furent alors les thuriféraires..

Bientôt seule dans une voûte céleste drapée d'argent,
Son envol aimantait tous les minéraux précieux
Nos cœurs gardaient le cap des désirs résurgents
La lumière lunaire nous guidait vers les cieux.

Les nuages ,dans leurs collerettes de zibeline ,
Entouraient son regard énigmatique mais doux
Nous travestissant en Pierrot et Colombine
Dans la douceur des caresses d'amadou.

Nous te savions reine des sommeils apaisés,
Quand l'amour libère des gangues terrestres ,
Quand nos corps et nos âmes entremêlés
Errent comme la brume en des contrées sylvestre.

Amours philologiques,

J'aime, des langues très anciennes, parcourir les landes
Gravir les sommets, parcourir les chemins creux ,
Ecouter la musiques de leurs mots précieux
Et me reposer dans les chemins de rondes.

Compagnes de l'Orient parfumée de cumin
Mêlant ses fragrances à celles élégantes de jasmin
Tandis que les aurores et les crépuscules m'enivrent de leur alcool
Je leur adresse timidement mes poèmes comme oboles..

Muni du piolet grammatical et de la cordée syntaxique
Je vais, ivre de joie, oublieux de mes tares ataviques
Respirer le vent divin de l'Olympe et de Borobudur
Et humer les senteurs épicées qui s'envolent dans l'azur.

Percer le secret de nos lointains ancêtres
Et reconnaître le message lexical qui s'y cache
Et qu'ils nous envoient, hors du temps, avec panache,
Et m'émerveiller de la poésie transmuée de leur êtres.

Les verbes, les adjectifs valent bien les aéronefs
Sans énergie fossile, de nos cerveaux, ils s'envolent
Éclatants, gracieux comme les edelweiss du Tyrol
Ils rejoignent, au loin, dans l'au-delà, leur fiefs.

Il m'arrive dans mes songes de les chevaucher
Et ces Pégases de l'esprit ne m'obéissent point
Ils prennent leur galop céleste quand le crépuscule point.
J'ai su, un jour, qu'il ne fallait pas les chercher.

Kasba Tadla

Au Moyen Atlas, le verger de l'oncle fleurissait,
C'est là que j'humai les senteurs des fleurs d'oranger
Elles voltigeaient d'arbres en arbres et je m'assoyais.
Et ce nectar olfactif me donnait á rêver.

Je voyageai en ces pays de fées que l'enfant invente.
Fier cavalier de destriers aux nasaux fumants,
J'entends parfois ce galop mythique caracolant
Et le choc sourd des sabots claquant dans la tourmente..

J'allai, à n'en point douter, au secours d'une princesse
Qu'un vilain barbon, dans un château, séquestrait
Et mon Pégase se moquait des meurtrières traîtresses,
Et, ma Durandal en main, la belle je délivrai...

Sentant, près de moi, son parfum de vétiver,
Ma souveraine montait en amazone,
Ses mains chaudes ignorant les frimas de l'hiver
Me serrait ainsi les premiers émois s'ordonnent.

Ainsi naquit, dans le rêve, le désir de la posséder
En jetant, par-dessus les moulins, ses étoffes froissées
Et mettre á nu ses cuisses porcelaines
Et m'enfoncer en elle, maitresse en volupté..

Et le froid de la terre où je m'étais assoupi
M'éveillait et me livrait aux premiers troubles de la chair
Qui répandait en moi la fièvre des interdits
Et je sus que les rêves d'enfants ne faisaient rien au hasard.

Mon Dieu tu es le silence absolu

Mon Dieu tu es le silence absolu
Quand je t'apostrophe ,quand je t'interpelle,
Je n'ai que l'écho de ma voix qui bat le rappel,
Et ,dans mon âme , éclot un dialogue d'essence inconnu...

Quand le doute , l'opprobre ,règnent sur mes prières
Je pense que tu es ,peut-être ,le fruit ,de mon cerveau
Quand la désespérance jaillit de mes oripeaux
Le cosmos apparaît alors sombre et mortifère ..

Je songe alors aux scories putrides de ce monde
Aux persécutions, aux crimes, aux tortures,
Aux famines des enfants privés de nourriture,
A leurs membres squelettiques et à leurs misérables tombes..

Où es-tu, Dieu d'Amour ,comment doit-on t'implorer
Pour chasser le sadique, le pervers et le criminel endurci?
Y a -t- il des patenôtres, des oblations, des rites obscurcis
Par la cécité des hommes qui ne savent plus prier?

Comment décrypter ton silence absolu?
Est-ce dans la luxuriance des forêts profondes
Dont les arbres millénaires parlent aux ajoncs pointus?
Et vent frissonnant vient -il de ta gorge profonde?

Et les flots tempétueux offrant leurs vagues crénelées
Que le génial Hokusai offre à nos regards
Sont- ce tes messages à l'esthétique cryptée
Qui viennent pour consoler l'humain triste et hagard?

Et le charitable venant consoler celui qui souffre,
Le regard d'une mère sur l'enfant octroyé
Et le juste qui chasse les vapeurs de souffre
Sont-ils ta parole que l'on doit interpréter ?

Me parles tu par la beauté de l'univers?
Me consoles tu par le parfum d'une fleur qui éclot?
M'enlaces tu par la charité d'authentiques dévots?
Me dis tu "Ouvre ton âme à l'immensité du désert?

Dois-je voir en ces beautés tes réponses sibyllines?
Et mon autisme d'homme à la parole de Dieu
Doit-il ,dans mes prières ,accepter le mutisme des cieux?
Et laisser cheminer ma foi comme une licorne ivoirine?

A mon plus vieil ami El Mir Kana

Ce temps est passé comme une caresse légère
Je revois encore ces mares sous le ciel marocain
Je revois les gobies ressemblant à des petits requins
Tapies, aux aguets ,sous des algues aux reflets verts..

Je nous vois ,enfants ,épuisette à la main
Soucieux comme de colin-tampon des lendemains
Imaginant des monstres marins sous les vagues d'azur
Cherchant les scarabées cheminant à toute allure..

Nous faisions des courses avec ces coccinelles des sables..
Monts et merveilles brillaient quand le soleil se couchait
C'était des coquillages aux reflets mordorés
Et les ormeaux brillaient comme gemmes argentées .

Et le chant va et vient du ressac atlantique
Qui léchait les dunes hautes et majestueuses
Refuge dominant les vagues tempétueuses..
Mais cette symphonie nous initiait à toutes les musiques..

Le cœur des flots déchaînées nous servait de sextants
Oniriques des vieux galions venus des Amériques
Remplies d'or et dormant en de lointaines criques
Où les pirates amarraient leurs pavillons noirs et blancs..

L'enfance passait ,senteurs de thé à la menthe
Le café au lait du quatre heures odorant et fumant
Ou le goût sucré et sapide des "sphinges "luisants
Tandis que le vent nous berçaient de senteurs odorantes..

Vint l'adolescence fouet des ardeurs des primes amours
Les corps des ondines se donnant sous le soleil brûlant
Saveurs d'airelles de leurs bouches au goût troublant
Prenant les ascendants qui nous tournaient autour..

Surnommés Blake and White nous arpentions
Les sables mouillés de nos aventures
Le regard d'adolescents ivres de jolies créatures
Dont les bikinis étaient ennemis des Septentrions ..

Puis vint le temps où l'homme quitte les sentiers de l'enfance
Et pour affronter la médecine en pays de France
Je quittai mon pays natal, terreau de mon imaginaire,
Mais ,dans mon âme ,reste gravée cette fraternelle terre.,,

Anthropomorphisme océanique.

L'océan part et revient de contrées inconnues,
Et j'aime, plus que tout, le bercement du ressac,
Plaintes ou chansons venues de mondes inconnus
Caresses ou colères homériques viennent en vrac..

Mi tempêtueux mi immobile, c'est ton mystère
Océan ,tu portes le poids de toute la terre
Fardeau que tu partages avec Atlas, ton frère
Et ta planète bleue est saphir de stratosphère!

Je sais tes amours avec la pluie et le Soleil
Quand tu frissonnes de lapis sous leurs caresses
Ou que la pluie te fouette à l'aube vermeille
Parfois étourdi de plaisir tu chois dans la paresse..

Ta respiration ,adagio ,ou symphonie
Je l'entendais ,enfant, quand je m'endormais
Dont les enchantements berçaient toutes mes nuits
J'entends encore les comptines que tu me chantais....,

Fugue sylvestre

L'autan caressait les feuilles des bouleaux argentés
Et cette mélodie était reprise en chœur
Par les chênes dans les clairières ombragées
Je rêvais, bercé par le bruissement d'une langueur...

Les arbres me parlaient de leur vie centenaire
Ce murmure c'était le poème qu'Éole déclamait
Et les feuillages en faisaient des échos thuriféraires
Et la mélodie céleste vibrait et s'amplifiait.

Soudain le ciel se couvrit de nuages menaçants,
Et des éclairs platine zébrèrent le ciel mouvant
La forêt prit le LA et fit entendre ses basses
Dans les frondaisons, les feuilles dansaient la valse..

Le martèlement syncopé des gouttes cristallines
Et le frottement feutré des feuilles luisantes
Enchantaient la terre étanchée et ruisselante
Offrant ses fragrances aux effluves sibyllines..

Danseurs de tango argentin (Hommage à Carlos Gardel).

Un couple ,sur une piste de danse et la Cumparsita..
Un va et vient de magie musicale
Et ,au sol, un invisible parcours pour les entrechats
D'une brune dont la cambrure donne le signal,

Le signal de la parade tournoyante et des abrazos,
Pivotant sur l'axe virtuel de son cavalier,
Elle lance au ciel ses jambes fuselées
Tandis que Carlos Gardel chante le chaos

De son cœur meurtri par l'abandon de l'aimée,
Les inflexions de sa voix scande son malheur
Et ,dans son chant, martèle les pas de sa douleur
Qui avance, tourne et survole une piste cendrée

Les cendres de son cœur rougeoient en tourbillon
Comme un vortex qui le voudrait engloutir
Mais essoufflé il rejaillit dans les arabesques des soupirs
Des deux amoureux liés par leur poitrine en tension

Mais ils se séparent ,éclairs, pour tournoyer ensemble,
Mimant les rapprochements des amoureux
Et le bandonéon les guide, la voix les émeut
Cambrée ,sans toucher son tanguero elle va l'amble

L'amble souple d'une louve prête à le croquer
Et la voix de Gardel ascensionnelle ou plongeante
Chante un désarroi qu'elle sait transcender
Puis le tango s'amuït et prend la tangente…

Chant de l'âme

L'âme chante -elle ?Est -ce cette antienne
Qui ,au seuil du sommeil, me visite et me charme,
Déployant gaiement une aria qui chasse mes alarmes
Ou verse en mon cœur une humeur saturnienne !

Va et vient mélodique que je ne saurais décrire ,
Comme la fumée qui s'échappe d'un encensoir
J'essaie de la saisir mais elle danse dans le noir
Pourtant elle me possède et m'oblige à écrire..

A ses phosphorescences rythmées je ne sais résister
Mes mains sur le clavier soudain m'échappent,
La désinence colorée d'un premier vers que je ne puis celer
Annonce l'arrivée d'un alter ego qui ,lui aussi, s'échappe..

Dansant alors dans le swing d'un quatrain ou d'un sonnet,
Je vais où cette muse souhaite me mener,
C'est une mer déchainée ou une clairière émeraude,
Que Dieu garde en mon âme cette magie qui rode!

Souvenirs océaniques

Le soir et ses ombres noyaient le paysage
Mais ,dans la pénombre ,le flux et le reflux des vagues
M'offrait cette musique qui tenait mon âme en gage
Depuis l'adolescence bruyante et l'enfance sage..

La mer, saphir ou émeraude toujours confidente
De mes chagrins ou de mes désirs brûlants
Qui brisait mes châteaux de sable branlants
Me disait la fragilité des tours que l'homme plante..

J'écoutais l'euphorie grondante des marées montantes
Et les soupirs paisibles des marées descendantes
Requiem des jours sombres, allegro des jours joyeux
Allait ,venait et me prenait dans son sein généreux..

Comme l'amios enveloppe l'être en devenir ,
L'océan atlantique était présent et avenir
Et mon cœur s'appairait en systoles et diastoles
Au ressac qui se déployant comme une banderole.

Grandes marées aux vagues déferlantes,
Lames assourdissantes claquant sur la grève
Mer moutonnant aux boursouflures mouvantes
Sur le rivage mes rêves ne connaissaient pas de trêve..

Rêve en Carla-Bayle

Des prairies semblables aux aplats des peintres fauves,
L'or du blé voisinait avec les prés émeraude,
Ainsi savent se vêtir les prairies avant d'être chauves
Quand les rayons du soleil d'été les échaudent.

Les lointains semblaient le contour léché par une aquarelle
Quand la main de l'artiste dirige, par un lâcher habile ,la couleur
Qui ,petite rivière, chemine vers l'univers pastel
Et les nuages restaient immobiles dans cette langueur.

Dans ce silence l'âme vogue vers sa « source première * »
Et dans ce « no man's land » ,ce voyage mystérieux ,
Je sentais une douce sérénité, une joyeuse lumière,
Qui m'enveloppait ,et me menait vers d'étranges clairières.

Des bouleaux argentés offraient leurs troncs annelés,
Et ,des chênes tortueux aux arabesques végétales
Semblaient des personnages aux membres déployés
Et je sentais le parfum des effluves des arbres à santal..

Dans des sentiers habités par des fragrances enivrantes,
J'allais ,guidé par une lumière échappée des frondaisons
Puis je parvins en une clairière tapissée d'un bleu gazon
Une brume d'argent flottait à l'orée de ces sentes..

Là, je sus que prenait fin ce voyage initiatique
Qui me menait vers une femme aux atours médiévaux
Elle me souriait et me proposait d'être mon viatique,
J'acceptais car c'était toi m'offrant des jours nouveaux

Nagori

Nagori ! Au Japon: le joli nom de l'intersaison..
Des feuilles mortes jonchent la terre en plein été
Quand les frimas vêtent l'hiver de jolis bougeons
Lorsque le printemps troque l'iris pour de fringants lauriers..

C'est aussi, quand les senteurs telluriques de l'été
Se muent en fragrances humides fécondées
Par l'humus des parures des arbres à feuilles caduques
Et que les fruitiers dorés ont distillé leur suc..

Quand les piémonts, cocktail d'absinthe et d'anis,
Embaument l'arbre d'argent qui dodelinent au vent
Quand les nuages immaculés d'ombre se sertissent
Et que le jais hivernal se teinte des couleurs du printemps.

Déesse nature préfère s'ouvrir aux préliminaires,
Précédant les assauts brûlants du soleil d'été
Elle se pare des tarentelles de facétieuses giboulées
Et l'été indien prolonge ses étreintes solaires.

Ce va et vient, ce me semble, c'est parade amoureuse ,
Ce tango qui nous unit dans les jours et les nuits,
Le prime baiser c'est la caresse de l'aurore qui luit
Et l'extase ,une mélodie nocturne langoureuse

Crépuscule au Carla-Bayle,

Il y eut d'abord une explosion de rayons solaires
Venus d'un noyau lumineux incandescent,
Et ,á l'instar d'un phare bleu qui balayait l'air
Les nuages semblaient jeter des nuées d'encens..

Le ciel offrait sa palette la plus somptueuse
Et mêlait son azur pastel à la céruse des nuages
Qui semblaient assemblés en cohortes majestueuses
S'élançant en diagonales et ,les cieux étaient leurs apanages.

Des flammèches orangées au pourpre mêlé,
Enflammaient d'abord le socle de l'horizon
Et se répandaient comme un feu de forêt.
L'embrasement crépusculaire naissait par contagion,

Cependant, peu à peu, comme un adagio stellaire
Une lumière vermeille naissait du foyer céleste
Et inondait les bosquets et le paysage agreste,
Distillant une douceur ineffable volant dans l'air...

L'apaisement du ciel et des forces telluriques,
Offraient une couleur de miel d'acacia
Et, dans ce concert, l'église au parement de briques,
Resplendissait au tintinnabulement métallique…

Dans les rues du village on voyait, çà et là
Des amoureux contemplant les ors du couchant
Sur le rempart belvédère c'était une noria
De zélateurs rendant hommage aux cieux s'embrasant …

La source

Les lèvres de la terre se sont ouvertes, et la source jaillit
Son long cheminent chthonien l'a purifié
Des scories et de toutes les impuretés
Qui croisaient son parcours ,sous les roches polies..

Elle a rompu avec l'omphalos qui la tenait captive
Elle est venue comme une vierge s'offrir aux hommes
Et étancher leur soif ,distiller les eaux vives
Qui font fleurir les fleurs et croître les rhizomes..

Elle chante une mélopée que tu peux entendre
Celle de la vie qui court vers une rivière de cristal
Ecoute cet adaglo, plus beau qu'un madrigal,
Enchantant ton âme qui renaîtra de ses cendres..

Lorsque l'astre solaire, câlin ,se fait rasant,
La rivière, amoureuse, frissonne de mille feux
Et l'aurore naissante curieuse se mêle à leur jeux,
Dans cet enchantement clair les lutins vont dansants .

La forêt s'embrase sous l'onde génitrice
Et les cimes des sapins ,sous le vent du matin,
S'inclinent pour saluer la lumière subreptice
Irisant la rosée , sur un tapis de satin.

En cette heure bénie s'envolent les pensées délétères
Nos âmes chatoient à la brise du renouveau
La légèreté angélique qui flotte dans l'atmosphère
Nous fait disciples extatiques du jour nouveau.

Chant grégorien en l'Eglise du Carla Bayle.

Quand j'entrai dans l'Eglise un gloria s'envolait
Les ailes d'un chant grégorien battaient, angélique antienne
L'échelle du rêve de Jacob où des anges montaient
Et la langue latine ,sacrée ,scandaient la foi chrétienne .

L'écho de la nef vers le Christ s'élevait
Les talentueux oblats ,inspirés par leur foi, imploraient
L'agneau mystique et leur chant enchantaient mon cœur
C'était merveille d'ouïr cette prière élevée par le chœur..

Je croyais voir ,du Moyen Age ,une théorie de pénitents
Qui allaient ,chantant, glorifiant, implorant
Du fond des âges Jésus ,souffrant mais triomphant
Les suppliques sublimes semblaient arrêter le temps.

Et les chants scandaient ,en mon âme ,une intemporelle prière.
*« Obscur témoin » des patenôtres et des louanges,
Mon émotion rejoignait les sentes lumineuses des Anges
Qui montaient à l'assaut de l'indicible lumière..

Les prières de ces élus des chants grégoriens
S'épanouissaient comme de blanches orchidées
Dans le champ d'une haute spiritualité
Ils glorifiaient l'amour infini du messie chrétien.

Peu à peu comme l'astre lunaire se retire à l'aurore
Ce chant céleste s'amuït et ne fut qu'un écho affaibli
Quand le message divin se fût dissous, restait le trésor
De l'impalpable et inconnaissable Iesus Christi .

Méditation musicale sacrée au Carla-Bayle.

Les étoiles écoutaient un chant venu de la terre,
Chants telluriques enlacés à l'allegro des cieux,
Oratorio chanté par des séraphins, louant Dieu
Une mélopée divine s'envolait dans les airs.

Des notes cristallines, douces et syncopées,
Comme une échelle de nuages dressée vers le ciel,
Et qui , « trotte- menues »avaient la profondeur irréelle
Des vortex géants qui fécondent les marées.

Soudain, une voix ,plus douce que celle des contre ténors,
Jaillit des abysses qui trouent le manteau terrestre,
S'envolant par des trilles aux volutes d'or,
Symphonie des univers chthoniens et rupestres.

 Puisant dans la magie des tessitures angéliques
Le souffle tourbillonnant d'un chœur élevait sa prière
Dont la puissance évocatrice se faisait messagère.
Et ,de l'infra monde montait un appel messianique…

Pluie, soleil et Pacha Mama.

Ô pluie musicienne, j'aime ouïr tes mélodies,
Tu joues du djembé sur les tuiles luisantes,
Et, de la trompette bouchée ,quand tu es en furie,
Et des claquettes sur l'asphalte brillante.

Moi ,j'accompagne ton swing par quelques rîmes ,
Et les éclairs argentés nous servent d'éclairagistes,
Quand l'éclat des gouttes de pluie joue au paysagiste,
A l'harmonie imitative je m'arrime.

Compagne des rêves, chandelle de mes amours,
J'aime ouïr ton cliquetis ,caresse des terres assoiffées,
J'aime sentir le parfum musqué de la terre mouillée,
Quand , te voilà ,parée de tes plus atours.

J'aime ,aussi ,tes offrandes de jolis arcs -en -ciel,
Tu sais sertir le spectre de lumière blanche,
Orfèvre céleste ,tu assortis ,pour le soleil,
Violet, jaune d'or et bleu pervenche

Mère prolifique des moussons, parèdre de Phébus,
Tu fécondes la glèbe qui se couvre d'émeraude ,
Quand tes douces cascades sonnent l'angelus,
Sur la Pacha Mama qui se baigne dans l'onde…

Eclats de rosée

Déposée dans son écrin d'émeraude, elle brille,
Cadeau de l'aurore ,elle allume les brindilles
Et la brise matinale, avec sa douceur, la caresse
Et c'est un petit feu d'artifice qui se dresse..

Elle s'offre au soleil du matin qui la ravit
Et l'entraîne dans le ciel doré de l'aube
Et la terre essaie de retenir ses perles qui se dérobent
La rosée prête serment de revenir dès que l'aurore luit..

La rosée, princesse de cristal irisé,
A la fidélité des souveraines de haute lignée
Et les parterres de pivoines écarlates et de roses perlées ,
Lui font aubade en déployant tous leurs atours
Entonnent un concert de couleurs diaprées alentour !

Ô rosée, compagne fidèle de ceux qui nous ont quitté,
Je sais les comptines que tu leurs dit, tous les matins
Messagère fidèle de ceux qui les ont tendrement aimés
Tes gemmes sont comme un rosaire de sapin.

Hôtesse du renouveau tu verses de ton calice
L'eau lustrale qui abreuve la fleur assoiffée
Qui retrouve la fraicheur que la chaleur lui avait dérobée
Et, dès lors la symphonie cristalline peut entrer en lice.

J'aime le vent.

J'aime Eole, ce Dieu, régisseur des vents,
Quand Thémis, déesse de justice le tient en laisse,
Quand, sous son magister, elle ne le laisse
Agiter ses démons cycloniques jetés à tous vents.

J'aime le doux Alizé chargé des senteurs tropicales,
J'aime le vent Marin qui saupoudre d'embruns
La grève luisante au soupir musical
Et orne la mer de dentelles au blanc satin.

J'aime le Sirocco, compagnon marocain
Quand il caresse l'Océan Atlantique
Et perd peu á peu son haleine désertique,
Et se noie dans les turbulences bleu turquin.

J'aime la tramontane au bout de sa course folle,
Quand elle flatte la croupe de la grande bleu
Et que la Mare Nostrum se trémousse et caracole
Agitant le saphir birman sous les cieux lumineux.

J'aime le mistral quand il s'adoucit au crépuscule
Et qu'il tient l'antienne des feuillages en sa férule
Musique des bosquets sous l'aria des cigales
Et du violon des grillons offrant un madrigal.

Et si le vent du Nord est fils des Septentrions
Il est cher á mon cœur, souvenirs nordistes
Hommes et femmes aux cœurs altruistes,
Qui ont façonné mon art médical de leurs leçons

Nuages fantasques au Carla -Bayle,

Des nuages ,en chapelets, ornaient les piémonts ,
Fuyant le cortège céleste ,loin de la terre,
Epris des hommes, ils avaient pris la fille de l'air
Et gambadaient, passe-muraille des frondaisons..

Volant si bas qu'ils semblaient être en rase-motte,
Se gaussant de ces nimbus qui , là-haut, grelottent,
A ces porteurs de pluie remplis de flotte,
Hautains, inquiétants , vêtus de grises redingotes..

Ces nuages, des humains, venus faire connaissance
Offraient d'amicales révérences, ludiques farandoles
Glissant sur l'éther avec une belle prestance,
Amis éphémères emportés par leur course folle.

Puis ,chevauchant l'autan, disparurent de l'horizon.
Cette rencontre étrange et mystérieuse
Avec « l'outre-ciel »dépêchant ses alezans
M'emportèrent en des landes lumineuses..

Lune rousse,

La lune rousse ! Au coin du feu, on racontait
Qu'elle infligeait, aux fleurs ,de sombres destinées
Et ,que de maléfiques rayons en émergeaient.
Ce soir, elle apparaissait, nimbée d'une pourpre majesté.

En la voyant paraître dans le ciel étoilée,
Je fus ,singulièrement ému de sa beauté!
Et ,les ouï-dire , qui en faisaient une succube céleste
S'évanouirent devant l'enchantement extra-terrestre..

Le silence troublant de cette nuit bénie
Semblait épandre partout ,sur les terres endormies,
La douceur miellée d'une lumière ineffable
Et je ressentis étrangement le goût d'un sirop d'érable.

Les ténèbres d'ébène avaient été chassés
Par l'orange symphonie d'une lumière épicée
Des oiseaux nocturnes célébraient l'oraison lunaire
Et les chouettes chevêches ululaient leur bréviaire..

Je goutai l'enchantement de cette nuit d'avril
Où la déesse Athéna saluait ses messagères nocturnes
Tandis qu'en Olympe s'assoupissait Saturne
Je songeais à Séléné qui ,du temps ,ornait le fil.

Insensiblement l'aube se drapa de fils d'or
Ajoutant sa magie aux fastes de la lune rousse
L'aura du soleil naissant comme un feu de brousse
Illumina le kaléidoscope coruscant de l'aurore...

Manesman, plage de mon enfance,

La brise marine caressait la mélodie du ressac
Un zeste d'embruns ,poudreux et salés
Je rêvais des songes éveillés qui me venaient en vrac
L'adolescence allait tisser l'homme que je deviendrai.

L'Atlantique et ses vagues bouclées léchaient
La grève mouillée qui se muait en un miroir
Et les pas des promeneurs laissaient des empreintes qui séchaient
Disparaissant comme l'éphémère fumée d'un encensoir..

Ainsi allaient et venaient les humains perdus en rêveries
Ma psyché les retrouvait dans les mondes oniriques
Où les cieux étaient aigue-marine et citrine les prairies
Une brume étincelante agitait des éclairs erratiques...

Mondes merveilleux des évasions informes
Où les poins cardinaux n'ont point droit de cité
Où les couleurs avalent l'univers des formes
Et où l'amour brille comme une ineffable beauté..

Une musique ineffable venue d'on ne sait où
Baignait de ses octaves mélodiques des gammes célestes
L'enfance flottait dans la langueur du ressac de vagues prestes
Au loin l'horizon indigo me menait à Tombouctou.

Cirque végétal

Le cirque bourgeonnant de branches hérissées
Offrait à un ciel gris son hymne végétal,
Chevauchée, au loin, de nuages argentés,
Le vallon inconnu donnait un récital.

Là-bas, hurlaient les contreforts basaltiques,
Dans le déchirement essoufflé du vent gris,
Les falaises abruptes servaient de l'héraldique
Aux promeneurs perdus hors de leurs rêveries.

La clameur diurne s'estompa peu à peu,
Les bruits de l'autoroute n'étaient plus que murmure,
Je n'entendais plus que ton souffle amoureux,
Et, ta main dans la mienne, rendait le chemin sûr.

Nous marchâmes longtemps, en ces contrées sauvages
Où l'âme se délivre de sa bogue terrestre
Et flotte au-dessus de singuliers branchages,
Laissant ses souvenirs à l'ombre des tertres.

Nous refîmes le présent aux lueurs d'avenir,
Et, les senteurs des pins et des eucalyptus
Tissaient sur ton visage cet étrange sourire
Où ton amour se dévoile comme une poupée russe.

Le soir sonna l'hallali des éclairs dorés,
Notre vallon se figea en un masque d'ébène
Et nos pas remontèrent le cours de nos regrets,
Mais emportaient la nostalgie pour étrennes...

Paysages oniriques.

J'aime les lambeaux de brume

Ornant l'aurore naissante,
J'aime les grimaces de la lune
Quand elle se fait resplendissante ...

Dans cette lumière blafarde
L'âme cherche à retrouver
La blancheur de ses hardes
Perdues dans les palétuviers ..

Le murmure d'une mer apaisée
A laissé les vagues éblouies
Chanter le temps passé
Qui hante le roulis..

Les esprit chahuteurs des brises
Hérissent la surface de l'eau
C'est un calligramme qu'irise
Le soleil un peu falot.

Dans les cieux tempétueux
La brume s'est envolée
Et les pluies ont révélé
Des nacres et des feux..,

Puis le sommeil revenu
Des myriades ont éclairé
Des songes au parfums têtus
Et l'obscur a voilé les nues..,

Éveil et sommeil emmêlé
Dimension onirique,
Emporte l'esprit emmitouflé
Dans l'aurore extatique ..

Le ballet nuptial des grues de Yokohama

Sur les pistes enneigées du Soleil Levant
A coup d'ailes ,atterrissent les grues impériales ..
Elles viennent célébrer le somptueux ballet nuptial
Qui s'ordonne avec grâce ,en se mouvant...

Les amants fidèles aux plumes éclatantes,
Se sont vêtues de blanc et d'empennage noirs,
Et leur pas de danse sans jamais choir,
Sont des marches dansantes et salutantes.

Dansant, elles dessinent des pas de menuets,
Dans de charmants va et vient qu'elles scandent de leur cris .
Et les mâles empressés ,semblent soudain surpris
Par l'ineffable grâce des femelles apprêtées..

Une géométrie sacrée semble conduire
Les piétinements soudains et les envols gracieux
De ces oiseaux superbes messagers des dieux.
Dans la blancheur nacrée que l'on voit luire.

De l'aube blanche au crépuscule doré
Les chorégraphies mystérieuses des grues impériales
Déploient la grâce intemporelle du ballet nuptial
Et, dans les bois, l'homme ébloui les observe à l'orée.

Amour d'argent de la Mer et du Soleil

C'est midi, l'heure où Phébus caresse la mer
Et la vêt d'un fourreau aux mille paillettes d'argent,
Et, tandis qu'elle lape les sables du rivage désert
Il flatte ses rondeurs de ses doigts impatients.

Elle murmure à voix basse des paroles d'amour,
Et, le vent, messager facétieux, les clame,
Nul ne les ignore ces feulements du brame,
Quand ils s'accouplent en vagues de velours.

Le flux et le reflux marquent l'étreinte nuptiale,
Et les embruns jetés par le vent curieux
Saupoudrent les roches, impavides vestales
Dans la chaleur ocre des jours ébrieux…

Perché, au zénith, de ses pulsions charnelles,
Le soleil, amant impétueux et subtil
Dirige ses caresses en assauts volatiles
Qui soulèvent les vagues, ondoyantes dentelles.

Elle feule et se fait grosse d'un désir inouï,
Quand il vient effleurer ses désirs érotiques
Elle offre sa cambrure douce et aquatique
Au sexe vultueux d'un soleil cramoisi.

Leur hymen se poursuit à l'horizon d'azur,
Là-bas, ils dansent et s'essoufflent doucement,
Ils se confondent au loin et leur plaisir susurre
Et leurs mots inaudibles se perdent au firmament…

Mon abbaye,

Sais-tu, qu'en forêt, se trouve mon abbaye,
Elle a l'intimité des églises romanes
Et la caresse des mosquées ottomanes
Et de la flèche gothique la grâce inouïe...

Son chevet s'ouvre sur une clairière émeraude,
Sa nef s'orne de chapiteaux arborescents,
En sa coupole, dance une lumière chaude,
Et, au loin, brille un reliquaire phosphorescent.

Son parvis est fleuri comme les jardins suspendus
D'une Babylone étrange aux senteurs perdues,
En son chœur, se croisent des ogives, miroitant

Va, tu la trouveras en une forêt sans nom,
Elle n'a ni mur, ni clocher, ni arc-boutant
C'est un temple fait de fleurs et d'arbres accueillants...

Un matin.,

L'aurore s'était vêtue des couleurs primaires
Le bleu, le jaune, le rouge comme thuriféraire
D'un violon céleste qui jouait ses arpèges,
Éclairant, par instant, le vol des flocons de neiges...

Le soleil revenait de ses courses lointaines,
Il s'était retiré ,laissant la lune souveraine
Offrir son regard étrange, maquillé de céruse,
Aux noctambules égarés rêvant de Syracuse ..

La mélopée silencieuse des ombres et des lumières
Entourait les bosquets aux membres décharnés
Par l'hiver chirurgien qui ampute les feuillages.

Mais déjà sous la glèbe les graines ouvraient leurs cages...

Le long cheminement des printemps souterrains
Élaboraient ,en secret, les pistils aguicheurs ,
Les étamines vibraient dans l'ombre des froideurs
Et le soleil nouveau s'éclairait d'une lueur d'airain .

La campagne ,endormie par les philtres nocturnes
De la magie éternelle des jours et des nuits,
Ouvrait ses bras aux frissonnements diurnes
Étoupes de lumières d'une aube qui luit..

Spectateur ébloui de la naissance du jour
Je sentais, en mon âme ,une sérénité nouvelle
Celle qui nous fait vivre, en offrant ses atours
Et donne à la vielle femme un cœur de jouvencelle ..

C'était le retour des vibrations charnelles
Qui s'éveillent brutalement au lever du jour,
Les amants ont déjà sorti de leur escarcelles
Les mystérieux onguents que distille l'amour.

Souvenirs d'Égypte,

Dans l'ombre versatile balayés par le vent,
Dans le chuchotements vert des ajoncs pointu
La felouque clapotait près du désert géant,
Dans la léthargie séculaire des Djinns disparus.

Le dieu Râ somnolait en haut des pyramides,
Et le déhanchement souple des dromadaires,
La marche altière des vaisseaux du désert
Se profilait entre les dunes et les terres arides...

En marche ordonnée ils foulaient l'immortel chemin
Où les souverains de l'Egypte immémoriale
Reposaient, sertis d'or de lapis et d'airain..

Ils voyaient au-delà des masques funéraires,
L'éternité, bleue, étrange et abyssale
Où l'austère Osiris impose son magistère

Pèlerins

Dans les lointains turquoise d'un lac de montagne,
Le soleil rougeoyant baigne ses rayons,
Et les vapeurs évanescentes de l'Espagne
Offre à mes yeux un spectacle flamboyant.

La rosée cristalline orne les herbes sauvages
Qui enserrent les troncs des chênes et des mélèzes.
Les vallées et les à pics dessinent un trapèze
Où l'aube ensorcelée enchante le paysage.

Au sud, les nuages voguent vers la Catalogne,
Barcelone, la belle, y déploie ses dentelles,
Mais ,sur le chemin de Saint-Jacques-de-Compostelle,
Une prière diffuse monte des terres de Gascogne…

La piété et la sauvagerie ont hanté ces chemins,
L'âme du pénitent, le diable et le bon Dieu
S'affrontent encore pour nouer le destin
Du pécheur repenti qui implore les cieux.

Qu'importaient les dangers de la quête médiévale,
Des coupeurs de jarrets et des bretteurs d'estocs ,
Les pérégrins de Dieu déployaient leur foc
Au souffle divin qui hantait les terres moniales..

L'ombre de l'histoire s'écrit en lettres d'or,
Dans la pierre, dans la glèbe où gisent les ancêtres
O, passant ,écoute le bouleau, regarde le hêtre
Il chante ces comptines lorsque le jour s'endort.

Tarentelle,

Je ne puis écouter de musique aussi douce
Que celle de votre jolie voix qui se trémousse
Quand, surpris de tant beauté ,je vous aperçois
Vous faîtes ,patte douce, ô mon joli minois.

Comme la pivoine dorée dodeline vous avez ,ma foi
Tant de charme et de rimes en votre quant à soi,
Un zeste de sourire et vos yeux aux abois
Disent plus qu'une mandoline qui pousse sa voix.

Comme la clématite aux étoiles violines
Vos gestes sont plus harmonieux qu'un apparat
Et dans votre haleine aux fragrances de cédrat
Dansent des pistils qui charment les étamines.

Comme l'abeille qui butine le pollen ,vos lèvres
Suaves, à petits traits ,déguste ma bouche
Discrète ma petite coquine vous êtes farouche
Quand du fond de votre âme remonte la fièvre.

Et comme le charme des roses violettes
Au parfum oriental vos senteurs fleurent
Le rêve et le désir qui sont à l'œuvre
Quand les parfums de votre sève trompettent.

Mes pensées, à l'ombre des érables orangés
Cheminent toujours vers vous diaphane dulcinée
Les sycomores ne sont qu'arbres qui cachent la forêt
Ô mon rubis sang de pigeon que j'ai caché!

Table des matières
Pages :

2)Ode lunaire
3)Suite de tableaux
4)Passé,présent,futur
5))Quatre saisons
6)Rêve au siècle des lumières
7)Aurore
8)Chant de brumes au Carla-Bayle
9)Epousailles nocturnes et crépusculaires
10)Scintillement
11)Poème clapotis du Vallespir
12)Lune d'or, lune d'argent
13)Amours Philologiques
14)Kasba Tadla
15)Mon Dieu silence absolu
16)A mon plus vieil ami Kana el Mir
17)Anthropomorphisme océanique
18)Fugue sylvestre
19)Danseurs de tango argentin
20)Chant de l'âme
21)Souvenirs océaniques
22))Rêve en Carla-Bayle
23)Nagori
24)Crépuscule en Carla-Bayle
25)La source
26)Chant grégorien en l'Eglise du Carla-Bayle
27)Méditations sacrées au Carla-Bayle
28)Pluie, soleil et Pacha Mama
29)Eclats de Rosée
30)J'aime le vent
31)Nuages fantasques au Carla- Bayle
32)Lune Rousse
33)Manesman ,plage de mon enfance
34)Cirque végétal
35)Paysages onirique
36)Le balai des grues de Yokohama
37)Amour d'argent de la mer et du soleil
38)Mon abbaye
39)Un matin
40)Souvenirs d'Egypte
41)Pèlerins
42)Tarentelle

© 2021, Alain Martinez
Édition : BoD – Books on Demand,
12/14 rond-point des Champs-Élysées, 75008 Paris
Impression : BoD - Books on Demand, Norderstedt, Allemagne
ISBN: 9782322251650
Dépôt légal : Mai 2021